全国中等职业学校商务文秘专业教材

文秘实务与案例（第三版）习题册

主编　董萍

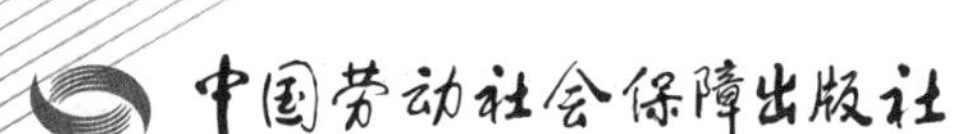

简介

本习题册为全国中等职业学校商务文秘专业教材《文秘实务与案例（第三版）》的配套习题册。习题册题型设计多样，包括填空题、选择题、判断题、简答题和综合分析题等，力求充分体现教材的重点和难点，反映实际工作中的具体问题，使学生充分掌握文秘实务，具有解决实际问题的能力。

本习题册由董萍任主编，周孝君、秦雪参加编写。

图书在版编目（CIP）数据

文秘实务与案例（第三版）习题册 / 董萍主编. -- 北京：中国劳动社会保障出版社，2020

全国中等职业学校商务文秘专业教材

ISBN 978-7-5167-4608-0

Ⅰ.①文… Ⅱ.①董… Ⅲ.①秘书学-中等专业学校-习题集 Ⅳ.①C931.46-44

中国版本图书馆 CIP 数据核字（2020）第 106898 号

中国劳动社会保障出版社出版发行

（北京市惠新东街 1 号　邮政编码：100029）

*

三河市潮河印业有限公司印刷装订　　新华书店经销

787 毫米 ×1092 毫米　16 开本　3.25 印张　66 千字

2020 年 7 月第 1 版　　2024 年 5 月第 2 次印刷

定价：7.00 元

营销中心电话：400-606-6496

出版社网址：http://www.class.com.cn

http://jg.class.com.cn

目 录
CONTENTS

第五章 | 秘书“办事”工作

第一章 秘书实务概述

一、填空题

1. 秘书实务的基本原则是______、迅速、求实、__________。

2. 秘书工作的准确性是指办文要准确、办事要稳妥、________、________。

3. 秘书的角色定位是一个____________的过程。

4. 办文工作包括收文、________、________等相关工作。

5. 秘书的角色定位一般要经历“________”“自身实际和初始定位与单位情况结合”“角色期待、角色冲突”“____________”和“角色再定位”五个环节。

二、选择题

1. 秘书的角色是（ ）。

A. 执行人　　B. 领导的全方位助手

C. 写稿人　　D. 代言人

2. 接待工作的基本环节不包括（ ）。

A. 亲切迎客　　B. 热忱待客

C. 礼貌送客　　D. 引见客人

3. 信访工作的作用不包括（ ）。

A. 联系群众　　B. 民主监督

C. 信息反馈　　D. 汇报上级

4.（ ）是秘书工作的基本要求。

A. 准确　　B. 迅速

C. 求实　　D. 保密

三、判断题

1. 秘书是专门从事办公室程序性工作、协助领导处理政务及日常事务，并为领导的决策及其实施服务的人员。（ ）

2. 诚恳接待是接待工作的第一要求。（ ）

3. 信访工作是一项原则性很强的工作。（ ）

4. 迅速是对秘书工作质量的要求。（ ）

四、简答题

1. 秘书实务的内容有哪些?

2. 简述秘书的职业特征。

五、综合分析题

1. 小林是腾飞仪器公司财务总监的秘书。由于她刚刚上岗，人力资源部请了一位有经验的同事对她进行培训。这位同事告诉她做秘书工作有一些基本原则：

a. 在处理领导交办的工作时，如果遇到不明白的地方，不要自作主张，而是请领导确认后再处理。

b. 在领导身边工作，肯定会比一般员工多知道一些公司机密，秘书必须做好保密工作。

c. 秘书不能只等领导给自己交办工作，应该学会自己主动做事。

d. 如果领导要求秘书处理其个人私事，秘书同样要处理好。

e. 在帮助领导处理日常杂务时，秘书应仔细观察领导，了解其所思所想，提前、主动地为领导提供帮助。

请从以上 5 个选项中找出不合适的原则，并说明理由。

2. 张丽是某公司销售部经理的秘书，当秘书还不到一个月。一天下午，张丽的领导有事外出。当领导办公桌上的电话响了时，张丽过去接电话，发现领导办公桌上有份已翻开并印有“公司机密不得外传”的文件。

面对这种情况，张丽应该怎么做?

第二章 秘书“办公”工作

第一节 办公环境管理

一、填空题

1. 办公室可以分为____________和________________两种类型。

2. 办公室的布置原则包括方便工作、舒适整洁、和谐统一、_________和_________。

3. 办公环境的绿化不容忽视。将适当、适量的植物放于室内，不仅能__________、__________环境，而且可以为办公室营造令人愉快的氛围。

4. 秘书个人办公区域包括秘书办公桌椅及其周围地面、墙壁、家具和秘书负责的所有办公设备、文件柜、____________和____________等。

5. 办公环境是指秘书在工作中所处的场所和____________，既包括物质环境，也包括____________。

二、选择题

1. 下列选项中，在进行办公室装饰时不应考虑的装配因素是（ ）。

A. 颜色　　B. 桌椅

C. 植物　　D. 图片

2. 良好的办公环境不仅有利于塑造对外形象，还有利于（ ）。

A. 促进同事之间的良好关系

B. 提高公司与公司之间的合作效率

C. 提高工作人员的工作效率

D. 提高工作人员对待工作的热情程度

3. 工作空间大小因工作性质而异，但一般而言，每个人的工作空间以（ ）m^2为宜。

A. 4～15　　B. 3～10

C. 5～15　　D. 10～20

4. 下列选项中，在整理个人办公区域时不用注意的是（ ）。

A. 保持台面、地面、计算机、办公设备、家具、窗帘和墙壁等处的清洁

B. 保持办公桌面的清洁、整齐、美观，不乱放零散物品，不放置个人生活用品

C. 维护复印机、打印机、传真机等办公自动化设备，保持公共环境的整洁

D. 电话的按键和听筒、计算机键盘等要经常用酒精棉消毒

三、判断题

1. 秘书不需要掌握办公室安全管理的基本规范。 ( )

2. 办公室使用的所有家具、设备应符合健康要求和安全标准。 ( )

3. 摆放文件柜等办公设备时，尽可能不靠墙摆放。 ( )

4. 不同的办公室类型有各自的优缺点，秘书应根据单位的定位、不同部门的业务特点和具体要求进行选择。 ( )

四、简答题

1. 简述办公室布置的工作流程与方法。

2. 办公室布置的原则是什么?

3. 办公空间的设计和布局需要考虑哪些主要因素?

五、综合分析题

因为要准备经理下午开会的一份材料，一上班，秘书孙琴就急急忙忙坐到办公室角落里的计算机前，开始专心致志地工作。忙碌了一会儿，她感觉室内空气很不好，扭头一看发现办公室窗户没开。她刚打开窗户，电话又响了，孙琴三步并作两步跑到了自己的办公桌前拿起电话。电话是一个客户打来的，要找经理，孙琴告之经理不在，对方要求留言。孙琴赶忙去找可以用来记录的纸、笔，她在抽屉里翻找半天没有找到，又在堆满文件、报刊及各种物件的办公桌上寻找，终于在一堆零食下面找到了纸、笔。记录完毕，孙琴将留言纸放到了临窗经理的办公桌上，然后又回到计算机前。刚坐下来，一位同事过来请孙琴帮他找一份资料并复印。孙琴起身走到靠门的文件柜前找资料，可发现光线太暗看不清楚，又走到另一侧开灯，再回来找资料并复印。复印完毕，孙琴回到计算机前继续工作，突然外面风声大作，眼看着自己放在经理办公桌上的留言纸被风吹到窗台上了，孙琴赶紧过来“抢救”，一起身却被地上的电线绊倒了。

孙琴在办公环境的管理方面存在哪些不足？需要做哪些改进？

第二节　时间管理

一、填空题

1. 管理领导的时间，秘书需要做好为领导准备不同颜色的文件夹、____________、______________等工作。

2. 秘书在时间管理工作中，可以以不同颜色代表不同象限的事项，如________代表领导需要立即处理的第一象限事项，__________则代表一周内需要批阅完成的第三象限事项。

3. 一般而言，领导的日程大部分都要进行提前规划，包括________、________、应出差的时间以及应接待的客人等。

4. 秘书除了围绕领导安排工作时间外，还应留出__________的时间。

5. 时间“四象限”管理法是将需要做的事情按照“__________”和“__________”两个坐标轴划分为四个象限。

二、选择题

1. 秘书要想在日常工作的同时获得自我提升，最有效的方法是（　　）。

A. 每日列出行动清单　　B. 每天写小纸条

C. 在手机上列备忘录　　D. 与同事聊天

2. 在时间“四象限”管理法中，代表重要但不紧急事项的是（　　）。

A. 第一象限　　B. 第二象限

C. 第三象限　　D. 第四象限

3. 在时间“四象限”管理法中，代表既不紧急也不重要事项的是（　　）。

A. 第一象限　　B. 第二象限

C. 第三象限　　D. 第四象限

4. 秘书平时要把精力和时间集中放在（　　）的事项中。

A. 第一象限　　B. 第二象限

C. 第三象限　　D. 第四象限

三、判断题

1. 秘书在工作中进行时间管理是十分有必要的。（　　）

2. 时间“四象限”管理法是一种有效的时间管理方法。（　　）

3. 秘书在工作过程中，若遇到第一象限的事项，需要放下手中的一切工作，立即处理。（　　）

4. 秘书应与领导进行沟通后再确定具体工作日程，而且日程表要尽可能安排得满一些。（　　）

四、简答题

1. 秘书确定工作日程的技巧主要有哪些?

2. 秘书如何有效地管理领导的时间?

五、综合分析题

1. 秘书张倩正在公司前台接电话，电话是客户打来的，事情较为复杂，这时候进来两位客人，一位已经预约，一位未预约。

请以四人为一组扮演各角色，并分析张倩应如何有效利用时间，同时让电话里的客人和来访的客人都满意。

2. 小林是上海琼斯环境公司市场总监的秘书。午饭前，总监对小林说："我中午跟朋友约了一起吃饭，所以下午上班可能要稍晚点儿回来。"下午一上班，苏州天昌公司的刘总来找总监，他说已经和总监约好。小林知道总监一点半要听取市场部李伟的工作汇报，面对这种情况，小林应该怎么处理？

a. 让刘总稍等，向其承诺总监回来后会立即与他面谈。然后给李伟打电话，说汇报时间可能要推迟。

b. 告诉刘总总监回来会比较晚，而他与总监要商量的问题又比较花时间，所以请他先回去再约时间。对李伟说原定的时间不变。

c. 向刘总说明总监可能要晚一些回来，请他稍等，看领导回来之后怎么处理。

请从上面 3 个选项中选择 1 个你认为合适的处理方式，并说明理由。

第三节　接打电话

一、填空题

1. 话术就是说话的艺术，就是与人交谈时______________，恰当地表达自己的观点。
2. 秘书接听电话时，一般要求在______________之内接听，避免电话长时间响铃。
3. 问候语一般是"__________""________""下午好"等。
4. 结束通话时，一般由__________或者__________先挂断电话。

二、选择题

1. 拨打电话的基本步骤不包括（　　）。

A. 查找号码　　B. 拨出电话

C. 开场白　　D. 正式交谈

2. 来电记录表不需要记录（　　）。

A. 来电者　　B. 通话时长

C. 通话内容　　D. 接听者

3. 接电话常用语句不包括（　　）。

A. "您好，这里是 xx 公司。"　　B. "我能为您做点什么?"

C. "您好，肖经理不在。"　　D. "让您久等了，真是抱歉。"

4. 拨打电话要注意尽量避开的三个时间段中不包括（　　）。

A. 上班后半小时　　B. 下班前半小时

C. 午餐时间　　D. 午餐前一小时

三、判断题

1. 结束通话时，一般由接听者先挂断电话。（　　）

2. 拨号前应反复核对号码的准确性，尤其要认真确认手机号码、长途号码以及带有分机的号码。（　　）

3. 如果通话预计时间比较长，应询问对方是否方便接听电话。（　　）

4. 正式电话交谈过程中要求语言简洁。（　　）

四、简答题

1. 接打电话有哪些基本礼仪?

2. 接打电话的基本步骤是什么?

五、综合分析题

1. 接到找领导的电话，但领导不在或不方便接听，秘书应如何处理? 请几位同学分别扮演秘书和来电者，进行情景模拟。

2. 丁秘书正在埋头起草一份文件时电话铃响了，拿起电话后，丁秘书听出对方又是那位推销员。这位推销员第一次来电时，丁秘书判断这不是经理正在等的电话，也不是紧要的事，于是说：“很抱歉，经理不在。请您留下姓名和回电号码，我会转达给经理。”可是对方非要找经理不可。挂断电话，丁秘书将此事汇报给经理。经理听后告诉她自己曾在一次交易会上见过此推销员，印象不佳，不想和他有生意往来。十天前，这位推销员又打来了电话，丁秘书说："对不起，经理仍然不在。我已将您的情况和要求转告给经理，目前他非常繁忙，尚未考虑和您联系。"随即便挂了电话。现在这位推销员第三次来电，丁秘书不知该怎么应对了。

假如你是丁秘书，你会怎样做？

第四节　收发邮件

一、填空题

1. 邮件的传递主要有邮政系统、__________和___________三种渠道。

2. 秘书在寄发邮件时，登记的邮件主要有________、________、印刷品以及其他重要邮件。

3. 邮件登记的一般做法是建立__________。

4. 收发邮件是秘书经常要面对的事务性工作，谨慎、__________地处理各种单位及私人的邮件是秘书重要的工作职责。

二、选择题

1. 如果邮件的数量和种类较多，应当先对邮件汇总并分类，可将邮件分为境内平信、国际航空邮件和（　　）等种类。

A. 电子邮件　　B. 特快专递

C. 广告邮件　　D. 业务邮件

2. 下列选项中，不属于接收邮件程序的是（　　）。

A. 签收　　B. 转交

C. 拆封　　D. 登记

3. 下列选项中，不属于寄发邮件程序的是（　　）。

A. 审核　　B. 登记

C. 分类　　D. 交寄

4. 接收电子邮件时不正确的做法是（　　）。

A. 办公电子邮箱和个人电子邮箱分开　　B. 设置不同文件夹保存不同类型的邮件

C. 及时清理邮件　　D. 不做清理，将所有邮件收集起来

三、判断题

1. 秘书在寄发邮件时不用进行登记。（　）
2. 秘书在封装寄发邮件之前需要仔细查核，查核内容包括信函、附件和信封。（　）
3. 邮件登记表既可以作为核对邮件的依据，也可以作为回复邮件的提示。（　）
4. 秘书只需要处理收到的纸质邮件，因此不需要掌握电子邮件的收发方法。（　）
5. 邮件是一个宽泛的概念，主要是指通过邮政系统收寄的信件或物品。（　）

四、简答题

1. 秘书收到邮件后，对邮件进行分类的原则有哪些?

2. 接收电子邮件时应注意哪些方面?

五、综合分析题

1. 如遇领导出差不在单位的情况，秘书应如何处理收到的邮件?

2. 某公司准备召开一次重要的临时会议，该公司的总经理让秘书陈丽向公司各主管部门发送此次会议的电子邮件通知。陈丽没有向各级主管发送电子邮件，她想反正是内部会议，只要在公司的墙报上贴一张通知就可以了。

请指出陈丽张贴会议通知的做法存在的错误以及可能造成的后果，并说明正确的做法。

第五节 值班管理

一、填空题

1. 值班工作起到联络沟通、________等重要作用。

2. 值班工作是由多人________承担的，在交接班时应做到衔接有序。

3. 值班记录一般有三种形式：________、接待记录和________。

4. 值班工作具有明显的_________，必须建立严格的制度。

二、选择题

1. 值班的主要任务不包括（　　）。

A. 美化办公环境　　B. 处理文电

C. 传递信息　　D. 接待来访

2. 值班的要求不包括（　　）。

A. 忠于职守　　B. 崇尚荣誉

C. 热情待人　　D. 严守秘密

3. 值班记录是（　　）处理事务、接听电话、接待来访的原始记录。

A. 领导　　B. 值班人员

C. 上级部门　　D. 暗访人员

4. 值班人员要严格遵守（　　），接到需要保密的来电来函，要严格按照相关规定办理，不得擅自拆阅机密文件，不得在接待来访者时或电话中透露国家秘密或本组织机密事项。

A. 保密制度　　B. 公司规定

C. 文明礼貌　　D. 法律法规

三、判断题

1. 交换班可以通过口头交接，也可以通过值班记录进行书面交接。（　　）

2. 值班人员必须认真做好值班记录，不管值班日志、电话记录还是接待记录都务必详细记录。（　　）

3. 值班是指在非工作时间安排专门人员值守，是各类社会组织或机构的常规工作

之一。 (　　)

4. 突发事件是指无法预料、突然发生的各类事件，如突然停电、人员拥堵、遭遇砸抢等。遇到这类严重事件，值班人员应立即上报并予以处置。 (　　)

四、简答题

1. 值班的要求有哪些?

2. 值班的组织形式根据工作需要和人员情况可以分为哪三种?

五、综合分析题

1. 某公司秘书小张在一次值班中发现办公室天花板有漏水现象，第二天她马上上报维修部修理。

请结合案例谈谈值班人员的职责。

2. 一天上午，秘书于雪正在前台值班，一位客人推门而入。于雪马上站起身迎接客人：“您好！请问您是……”“我找你们老总！”客人说着就要往里走。面对这种情况，于雪应该如何处理?

a.“对不起，先生，请您填写会客登记表。”

b.“先生，您不能进去，否则我叫保安了！”

c.“先生，请问您预约了吗?”

d.“对不起，先生，请问您贵姓?”

请从上面 4 个选项中选择 1 个你认为合适的处理方式，说明理由，并对其他几种选择进行评析。

第六节　办公物品管理

一、填空题

1. 一般情况下，可以将办公物品分为________和______两大类型。

2. 秘书应根据___________采购办公物品。

3. 办公需求包括常态需求和___________。

4. 单位对办公物品的采购审批一般要经过__________、__________和单位主管领导审批。

5.__________初次购买价格较高，但使用的时间越长单位成本越低。

二、选择题

1. 下列物品中，属于易耗品的是（　　）。

A. 不干胶标签　　B. 计算机

C. 复印件　　D. 打印机

2. 下列物品中，属于耐用品的是（　　）。

A. 胶水　　B. 文件夹

C. 纸张　　D. 铅笔

3. 办公物品购买程序不包括（　　）。

A. 审批　　B. 采购

C. 选择　　D. 登记入库

4. 下列选项中，不属于办公物品保管要求的是（　　）。

A. 专人负责　　B. 保障空间

C. 保障安全　　D. 随意堆放

三、判断题

1. 办公物品的种类繁多，但一般不会出现新的种类。（　　）

2. 秘书在了解办公需求情况后可以直接进行采购。（ ）

3. 采购办公用品时，秘书应对各供应商的反馈信息进行比较、筛选，然后填写正式订购单进入采购流程。（ ）

4. 易耗品的使用次数有限，使用的过程就是消失的过程，虽然购买单价较低，但消耗后需要另行购置。（ ）

四、简答题

1. 简述办公物品的购买流程。

2. 办公物品保管的基本要求有哪些?

五、综合分析题

1. 公司新招聘了一名营销副经理，协助营销经理开拓手机销售市场。在布置副经理办公室环境和采购必要办公物品时，秘书需要注意哪些方面?

2. 秘书张莅负责公司的办公物品管理。她的办公室窗台布满灰尘，办公桌上也堆得满满当当，办公物品四处乱放，同事来领物品时总要东找西翻才能找到。

请结合办公物品管理规范给秘书张莅提供一些建议。

第七节　接待

一、填空题

1. 接待访客时，在自我介绍之后，秘书要问清客人的______、______和目的。

2. 日程安排要具体，包括____、______、活动地点、陪同人员等方面内容。

3. "3S"接待法是指在迎来送往过程中应当使用的______、______、Smile（微笑）等接待礼仪。

4. 接待计划的内容包括接待规格、日程安排、________和_________等。

5. 秘书接待依约而来客人的过程称为__________，接待没有约定临时来访客人的过程称为________。

二、选择题

1. 必须由领导接待的来访是（　　）来访。

A. 上级　　B. 同级

C. 下级　　D. 群众

2. 接待环境的要求不包括（　　）。

A. 清洁　　B. 大气

C. 明亮　　D. 美观

3. 握手时要注视对方的（　　），以示诚恳和自信。

A. 脸庞　　B. 眼睛

C. 额头　　D. 手腕

4. 进入接待场所后，秘书应为初次来访的客人和领导互相介绍，先把（　　），介绍时要注意说清楚双方的姓名和职务。

A. 领导介绍给客人　　B. 客人介绍给领导

C. 客人名片递给领导　　D. 领导名片递给客人

三、判断题

1. 在日常接待中，礼仪其实并不那么重要。（　　）

2. 秘书需要掌握一些最基本的接待礼仪，才能做好接待工作。（　　）

3. 一般来说，应该先把职位高者、年长者、女士、客人介绍给职位低者、年轻人、男士、主人。（　　）

4. 握手礼仪中，职位高者、年长者、女士、主人应先伸手，表达握手的意愿。（　　）

四、简答题

1. 接待前应做好哪些准备工作?

2. 有约接待的工作流程有哪些?

五、综合分析题

1. 某公司准备召开为期两天的新产品推广会，邀请了国内外十几家合作公司的管理人员、技术人员近百人参加。秘书小王负责安排接站工作，但因为他缺乏一定的经验，致使部分与会人员没能找到接站处，损害了公司的良好形象。

如果你是秘书小王，你会如何安排接站工作?

2. 伟达公司的张总正在办公室与客人交谈。此时，有位客户来找张总，说因没有及时交货，要投诉业务员。由于此时张总与客人还在谈话，秘书小王不让他进张总办公室，并问其是否预约。客户一下子火了，在总经理办公室门口大骂小王，把张总和客人也惊动了。张总只能中断与客人的谈话，接待这位投诉的客户。

如果你是秘书小王，你会如何接待这位投诉客户?

第三章 秘书“办文”工作

第一节 收文

一、填空题

1. 文件签收的任务包括________、__________和签字。

2. 文件登记方式包括__________、________________和联单式登记。

3. 文件催办分为两种，分别是____________和____________。

4. 拟办意见的要求是__________、__________、简洁、具体。

5. 拆封是指将收件封装拆开并__________的过程，这是秘书人员特有的职责。

二、选择题

1. 文件登记时采用的方法是（　　）。

A. 总登记　　B. 一级登记

C. 其他登记　　D. 集体登记

2. 拟办意见应力求（　　）。

A. 准确　　B. 复杂

C. 完美　　D. 简便

3. 文件登记书写用的笔应为（　　）。

A. 铅笔　　B. 圆珠笔

C. 签字笔　　D. 记号笔

4. 秘书对文件不具有（　　）职责。

A. 催办　　B. 检查

C. 督促　　D. 分类

三、判断题

1. 电话催办文件的优点之一是节省时间。（　　）

2. 简报的编制、发送和催办较为耗费时间。（　　）

3. 文件签收时不用写全收件人全名。（　　）

4. 请办是拟办意见的一种。（　　）

四、简答题

1. 文件催办的方式有哪些?

2. 承办的文件范围包括哪些?

五、综合分析题

单位来了一位新秘书，作为办公室主任的你，应如何指导新秘书接收文件? 请结合所学知识回答。

第二节　发文

一、填空题

1. 文件发送的渠道包括________、________、机要交通和电信传输。

2. 办毕文件的处理方法包括__________、________、销毁及暂存处理等。

3.__________是机关行使职权的凭证，是公文是否有效的标志，也是公文格式的一个组成部分。

4. 缮印公文的具体要求：第一要准确，第二要__________，第三要__________。

5. 公文拟稿包括从草拟初稿到__________再到形成送审稿的整个过程。

二、选择题

1. 签发即由对公文负有（　　）的领导或被授予专门权限的部门负责人对经审核后的文稿进行终审，批注发出意见，并签署姓名及日期的活动。

A. 法定责任　　　　B. 法律责任

C. 权力　　　　D. 领导责任

2.（　　）是指文件草稿在呈送领导审批签发之前，相关人员对文稿进行的审核把关工作。

A. 审稿　　　　B. 核稿

C. 审查　　　　D. 复核

3. 在缮印过程中，应将印制出来的文本清样与（　　）再次进行逐字、逐句、逐个标点的校对。

A. 样稿　　　　B. 拟稿

C. 定稿　　　　D. 草稿

4. 公文编号是指编写发文字号，同时也包括编写公文（　　）。

A. 序号　　　　B. 份数

C. 编号　　　　D. 份数序号

三、判断题

1. 秘书人员必须严肃、认真、细致地对待核稿工作，应字斟句酌、反复推敲，切忌粗心大意、不负责任。（　　）

2. 发文是指将本单位的文件发送到外单位。（　　）

3. 一份高质量的文件必须在内容上如实反映工作情况和业务活动。（　　）

4. 签发是各级领导履行自身职责的重要工作环节，必须依法依职进行。（　　）

5. 签发的原则是先核后签和分层签发。（　　）

四、简答题

1. 会商时应注意哪几点?

2. 发文文稿的形成包括哪几个环节?

五、综合分析题

张明接到总经理电话，要求全体员工严格遵守《××公司现阶段新冠肺炎疫情防控措施》规定，要求发文通知公司每一位员工。为完成该项发文工作，张明需要进行哪些步骤?

第三节　文书立卷归档

一、填空题

1. 案卷题名要求结构完整，应由卷内文件的__________、__________和名称组成。

2. 填写案卷封面时，要求使用________________书写。

3. 案卷装订和填写封面后，就需要进行系统排列，确定每一类目中案卷的________和________，使案卷之间保持一定的联系。

4. 将案卷编目与案卷进行核对，核对无误后打印一式三份，其中两份报送__________，一份______________。

5. 把办理完结、__________的零散文件组合成案卷并存档的活动称为文书立卷归档。

二、选择题

1. (　　) 是直接用于登记案卷封面上各项目的表格，其内容通常包括案卷号、文书处理号、案卷标题、卷内文件起止日期、件数、页数、表格期限和备注等。

A. 案卷编目　　B. 案卷表
C. 案卷登记表　　D. 案卷编号

2. (　　) 是指将本单位与某一单位就某一问题进行工作联系而形成的函件放在一起组成案卷。

A. 按作者特征立卷　　B. 按通信者特征立卷
C. 综合法立卷　　D. 按时间特征立卷

3. 立卷流程不包括 (　　)。

A. 预立卷　　B. 立卷分类

C. 立卷操作　　D. 立卷组合

4. 卷内备考表的主要内容不包括（　　）。

A. 立卷人　　B. 检查人

C. 立卷时间　　D. 上级批注

三、判断题

1. 按作者特征立卷的特点是能够保持文件内容方面的联系，有助于反映问题处理的全貌，便于按问题查找文件。（　　）

2. 案卷排列要做到将绝密档案单独排列，按案卷保管期限将案卷分开，将每一类目案卷按一定标准进行排列。（　　）

3. 案卷各部分装订顺序是：案卷封面—卷内目录—备考表—卷内文件—封底。（　　）

4. 立卷说明通常由立卷单位基本情况和立卷归档情况两部分组成。（　　）

5. 条目是指类别之下具体概括一组公文材料的题目。（　　）

四、简答题

1. 立卷组合有哪几种形式?

2. 简述卷内文件的排列次序。

五、综合分析题

1. 作为管理档案的秘书，请你谈谈卷内文件目录的编写要求。

2. 某单位秘书小王对于处理完毕的文件总是随意处置，有的被乱七八糟地堆放在文件柜里，有的被扔进了废纸篓。有一次，领导想参考一下去年某次会议的会议记录和会议纪要，让小王马上找出来。小王翻了半天，会议记录根本没找到，会议纪要虽然找到了，但上面却用红笔写了一长串数字，原来被她当成了草稿纸。领导怒气冲冲地对小王说："你这个秘书是怎么当的?"小王哑口无言。

请你谈谈秘书小王工作的不当之处及其带来的后果。

第四节　电子文件管理

一、填空题

1. 电子文件有两个方面的来源，一是______________，二是______________。

2. 电子文件的传递方式分为__________和____________两大类。

3. 电子文件的积累分为两种类型，一种是______________________，另一种是________________________。

4. 在计算机内部，无论是传输还是存储、处理，电子文件均以____________的形式存在。

5. 局域传递是指利用__________技术进行的在线传输，主要应用于单位内部。

二、选择题

1. 远程传递是指利用远程网络技术进行的在线传输，即通过互联网以（　　）或即时通信系统进行电子文件的传输，适用于电子文件的异地传递。

A. 电子邮件　　　B. 网络传递

C. 远程通信　　　D. 数据传输

2. 电子文件的传递方式是（　　）。

A. 移动传递　　　B. 人工传递

C. 卫星传递　　　D. 快递传递

3. 电子文件的归档方式包括物理归档和（　　）。

A. 人工归档　　　B. 定期归档

C. 实时归档　　　D. 逻辑归档

4. 归档电子文件登记表中不需要填写（　　）。

A. 形成部门　　　B. 文件载体

C. 接收人　　　D. 负责人

三、判断题

1. 随着计算机技术的日渐普及，信息存储的数字化变得越来越重要。因此，秘书有

必要熟练掌握电子文件管理的方法和技巧。（　　）

2. 电子文件采用的数字式代码是人工不可识读的。（　　）

3. 归档的电子文件应完整齐全，凡是归档范围内的文件均应及时归档，并应分散保存。（　　）

4. 电子文件的信息内容与形式相对独立。（　　）

5. 电子文件的信息内容不可以在不同载体上同时存在或相互转换。（　　）

四、简答题

1. 电子文件的特征有哪些?

2. 电子文件的归档方式有哪几类?

五、综合分析题

刘秘书是公司的资深秘书，对公司文件了如指掌，管理非常细致。一天，在外地出差的销售部张经理突然向刘秘书要上个月的采购合同，刘秘书只有纸质合同，无法立即发给张经理，导致张经理与客户履行合同时产生不愉快。张经理对刘秘书的文件管理工作很不满意，认为他无法满足现代社会对文件随时使用的要求。

结合案例，谈谈你对电子文件重要性的认识。

第四章 | 秘书“办会”工作

第一节　会议工作概述

一、填空题

1. 会议是指______人以上聚集在一起，______、有组织、有领导地商议事情的一种活动形式。

2. 会议时间一是指会议召开的时间，二是指整个会议______，三是指每次会议的______。

3. 会议______工作是准确统计到会人数的重要手段。

4. 会议规模和______要适度，绝不可小会大开或大会小开，随意升格或降格；会议节奏要______，要尽可能化繁为简，绝不短会长开。

5. 具体落实会议组织任务的机构和个人称为______。

二、选择题

1. (　　) 是会议活动最基本的驱动力。

A. 会议目的　　B. 会议内容

C. 会议结果　　D. 会议主题

2. 关于会议的含义，下列表述中不正确的是 (　　)。

A. 会议是群体性活动　　B. 会议是目的性很强的活动

C. 会议是组织有序的活动　　D. 会议是单向沟通活动

3. 超过 (　　) 小时的会议应有书面通知、议程表及相关资料，一般所有与会者都要准备发言材料。

A. 半　　B. 一

C. 两　　D. 三

4. 会议筹备方案一经批准，即可开始 (　　)。

A. 准备材料　　B. 制订计划

C. 明确分工　　D. 宣传报道

5. 会议的法定人数是指 (　　)。

A. 实际到会的人数　　B. 使会议合法和生效的人数

C. 到会者和缺席者的比例数　　D. 收到会议通知的人数

三、判断题

1. 会议日程是制定会议方案的核心。（　　）
2. 会议的承办者必须来自主办者内部。（　　）
3. 会议应该准时开始，可以根据实际情况延迟结束。（　　）
4. 会议必要时可以请第三方监督，以保证会议质量。（　　）
5. 会议人数应该越多越好，时间越长越好，这样才能把会议内容介绍得具体详细。（　　）
6. 会议是实施组织领导和管理职能的重要手段和工具。（　　）
7. 为提高会议效率，即使超过一个小时的会议也不应安排中场休息。（　　）
8. 秘书应保证会场秩序，禁止无关人员随意入场，但与会人员可以中途退场。（　　）

四、简答题

1. 会议的基本组成要素有哪些？

2. 会议的基本流程有哪些？

五、综合分析题

1. “办会”工作是秘书日常的一项重要工作。要真正做好这一工作，需要掌握会议的基本知识和办会的相关技能。请对下列问题进行说明：

（1）会议方案的基本内容是什么？

（2）为什么要制定会议规则?

（3）如何衡量会议的质量?

2. M公司新任吴总经理第二天将在与Y公司的合作签约仪式上第一次和公司主要大客户以及当地新闻媒体见面，她为了使这次亮相能够顺利和精彩，事先特别要求秘书小陈为她提供一份此次会议的议程表和受邀请嘉宾、媒体名单，但是秘书小陈认为吴总经理过于谨慎，多此一举，便推说议程表和嘉宾、媒体名单还未打印出来，没有给吴总经理过目。

第二天，已坐在主席台上准备介绍嘉宾的吴总经理突然发现，临时给她的嘉宾名单与坐在台上的嘉宾根本对不上号，而且，到场的媒体有一些也是她不愿见到的，她感到十分恼火。情急之下，她只能以自己刚刚到任、情况还不熟悉为由，请公司行政总监替她介绍到场嘉宾。可是，麻烦并没有到此结束，在之后的新闻发布会上，有几家媒体向她提出了几个棘手的问题，令吴总经理十分难堪。会后，她又发现公司提供给媒体的新闻稿中有关她履历背景的一段内容有多处错误。为此，她对秘书小陈十分不满。

阅读案例，请指出秘书小陈工作上存在的问题。

第二节　会前准备

一、填空题

1. 会议名称一般包含会议主办机构名称、______________、会议内容、会议类型和______________等。

2. 会议议题主要有三个来源：一是上级机关和领导者根据需要制定的议题，二是______________提交的需要以会议的形式研究和决定的问题，三是______________向有关部门收集的本单位管理活动中需要研究和决定的事项。

3. 法定性会议应当在标题下方加______________，说明该议程通过的日期、会议名称。

4. 为了使会议取得预期效果，选择会场时应考虑多种因素，如场地大小、______________、设备配备、______________和交通状况等。

5. 主旨性文件是指会议的主要文件，包括______________、______________、大会报告、讲话稿、代表发言材料和专题报告材料等。

6. 一般来说，会场布局大体有以下几种：教室式、______________、全围式、______________和分散式。

7. 排列主席台座次时，一般职务最高的______________，然后先______________后______________，按职务向两边顺序排开。

8. 会议通知中会议内容包括两个方面，一是会议名称，二是______________。

二、选择题

1. 制定会议方案的核心是（　　）。

A. 会议议题　　B. 会议规模

C. 会期　　D. 会议议程

2. 拟写会议议程应当（　　）。

A. 详细清楚　　B. 简明概略

C. 具体翔实　　D. 简明具体

3. 会议会场的具体确定主要依据（　　）而定。

A. 经费预算　　B. 设备的现代化程度

C. 会议的性质和规模　　D. 领导的要求

4. 会议用品包括特殊用品和（　　）。

A. 一般用品　　B. 生活用品

C. 必备用品　　D. 文具用品

5. 写清开会的原因、目的、意义，是（　　）的撰写要求。

A. 会议记录　　B. 会议通知

C. 会议规则　　D. 会议简报

三、判断题

1. 会前检查时，秘书人员一般应到现场进行实地考察。（　　）

2. 重要的代表大会和报告会，一般应设专门的讲台。讲台设在场地中央，位置高于主席台。（　　）

3. 会场规格主要体现在会场的装潢水平、设施档次和服务条件等方面，为了体现对参会人员的重视，要注重提升会场规格。（　　）

4. 会议内容和议题是确定会议规模和规格的依据。（　　）

5. 大型会议应设立会务组、秘书组、接待组等会议筹备机构。（　　）

四、简答题

1. 会议通知的类型有哪几类?

2. 会议通知的正文包括哪些要素?

3. 会议文件的类型主要包括哪几种?

4. 简述会议日程表与会议议程表的联系与区别。

五、综合分析题

1. 一次会议成功与否，与会前准备工作十分相关。认真负责地做好会议的准备工作，是开好会议的基本保证。请对下列问题进行说明：

（1）会议前期准备工作有哪些?

（2）如何确定参加会议的人员名单?

（3）如何安排会议主席台座次?

2. 坤泰有限公司将在 20×× 年 4 月 15 日召开客户意见咨询会，请你列出发送会议通知应注意的地方，并拟写一份带回执的会议通知。

3. ×× 集团公司将于 20×× 年 5 月初举行工作会议。为办好这次会议，周秘书特制定了如下会议方案：

×× 集团公司 20×× 年工作会议筹备方案

一、会议时间：20×× 年 5 月 9—10 日，会期 2 天

二、会议地点：×× 酒店

三、会议主持：××

四、会场布置：

1. 主席台制作背景墙，背景墙以大红色为主，烘托会场气氛；布置一排桌椅及立式报告席，摆放好主持人及主席台就座领导的坐席卡；主席台上方悬挂会议横幅，以红底白字标识会议名称。

2. 音响、话筒、电源插座等提前准备到位，确定好各设备摆放位置，做好调试工作。无线话筒要有备用电池，照相机、摄像机、录音笔等要提前充足电，确保会议顺利进行。

五、会议经费预算

1. 场地租用费：××酒店会议室2天租金，共计××元。

2. 会场布置费：会议横幅标语制作费××元、会场清洁费××元，共计××元。

3. 会议食宿费：住宿费××元、餐费××元，共计××元。

××集团公司办公室

20××年3月10日

针对周秘书的会议方案，请指出这份方案的不足之处并进行完善。

第三节　会中服务

一、填空题

1. 接站牌有两种最基本的形式，一种是为____________和一般代表准备的接站横幅，一种是为____________单独准备的接站牌。

2. 做好会议报到工作要注意以下几点：____________、____________、接收材料、预收费用、发放材料和安排住宿。

3. 国内合影时的排位一般讲究居____________为上、居____________为上和居左为上。通常，合影时主方人员居右，客方人员居左。

4. 秘书在编发会议信息的过程中，要注意做到快、______________、精、______________。

二、选择题

1. 写明会议的组织情况是属于（　　）的基本内容。

A. 会议通知　　B. 会议记录

C. 会议简报　　D. 会议规则

2.（　　）用来交流会议进展情况。

A. 会议纪要　　B. 会议通知

C. 会议简报　　D. 会议总结

3. 会议期间要做好值班工作，就要有相应的（　　）。

A. 奖惩规定　　B. 人员安排

C. 制度与要求　　D. 检查与催询

4. 会议简报的字数要求为（　　）。

A. 几百字，不过千字　　B. 一百字到二百字

C. 百字以下　　D. 千字以上

三、判断题

1. 准备接站车辆时，不论参会人员的身份、职务、级别的高低，都必须坚持平等原则，切不可区别对待。（　　）

2. 对远道而来的客人，应主动到机场、车站、码头迎接。接站人员一般要在飞机、火车、轮船到达前 15 分钟赶到，避免让客人因为等待而产生不快。（　　）

3. 簿式签到方法较适合于小型会议和纪念性会议。（　　）

4. 如果在会议进行中出现突发事件或发生意外情况而引起混乱，秘书要及时采取有效措施，出面制止和调停，不可打扰领导或相关部门。（　　）

5. 会议证件主要有代表证、列席证、工作证和记者证等。（　　）

四、简答题

1. 会议期间的安全保卫工作包括哪些？

2. 会场服务包括的主要事项有哪些？

3. 会议期间的值班工作主要包括哪些内容?

4. 简述会议简报和会议记录的联系与区别。

五、综合分析题

1. 如果说会前准备是基础的话，那么会中服务就是会议能否成功举办的关键所在。会中服务工作涉及为确保整个会议顺利进行所采取的控制与协调的一切工作程序。请对下列问题进行说明：

（1）如果会议期间设备无法使用，秘书应如何处理?

（2）会议召开期间发生突发事件，秘书应遵循的处置原则是什么?

2. 海扬公司准备在本市的黎明大厦召开大型新产品订货会，参会人员包括本单位人员和外单位人员。由于会上要放映产品操作演示视频，而公司没有放映机，租借放映机的任务便交给了总经理秘书小刘。会议召开的时间是上午十点整，而视频放映的时间是十点十五分。小刘要求租借公司在上午九点四十五分必须准时把放映机送到黎明大厦的会议厅。

可是在会议当天，已经九点五十分了，放映机还没有送到。小刘马上打电话去问，对方回复机器已送出。眼看嘉宾陆续到达，小刘心急如焚……

（1）假如放映机在十点十分还未送到，小刘应该做些什么?

（2）从这件事中你得到了什么教训？

3. 小王受领导委托到机场迎接来参会的一位重要客人。“欢迎，欢迎”，小王嘴里说着，却不主动伸手，待客人伸手后，小王才与客人握手。随后小王拿过客人的行李，放在汽车的后备厢，接着引导客人到副驾驶位，说：“坐到这里视野好。”然后，自己坐到了汽车后排座上。一路上，小王非常关心地询问了客人所在公司的情况，并打听客人的家庭情况，而客人似乎对这一切很不满意，一直沉默。

你认为小王的接站工作是否合乎礼仪？怎么做才是正确的？

第四节　会后善后

一、填空题

1. 会议结束后，可以采用______________、测评表测试、______________和书面总结等多种方法对会议质量进行评价。

2. 根据会议性质、规模、议题等不同，会议纪要大致有以下几种写法：集中概述法、分类标项法、______________和______________。

3. 会议纪要有两种类型，一是例行会议纪要，二是______________。会议纪要的内容主要包括两部分，一是会议情况简述，二是对______________的阐发。

4. 秘书应及时与会场出租方结清会议的各项费用，主要包括会议室租借费、______________和______________等。

5. 会议评估是指根据一定的目的和____________，遵循一定的原则，运用科学的方法，对会议活动各项要素及其______________等方面进行质和量的综合评价活动。

二、选择题

1. 会议结束后，秘书应根据会议的决定做好会后（　　）工作。

A. 执行　　　　B. 反馈

C. 检查　　D. 处理

2. 拟写会议纪要的依据是（　　）。

A. 会议的内容　　B. 会议的报告

C. 会议的主旨　　D. 会议的材料

3. 导致会议效果欠佳的因素不包括（　　）。

A. 议程安排不当　　B. 少数与会者缺席

C. 会议记录不准确　　D. 会议组织不当，讨论跑题

4. 要做好会议总结，首先要（　　）。

A. 明确会议工作的具体分工　　B. 检查会议目标的实现情况

C. 将员工自我总结和集体总结相结合　　D. 根据岗位责任逐条对照检查

三、判断题

1. 如果会场是租借的，只需要整理自带物品即可，会场则由清洁人员清理。（　　）

2. 会前、会中发放的文件讨论稿及其他材料，可以由与会人员悉数带走。（　　）

3. 指挥命令法主要用于写会议决定事项，会议情况一笔带过，简练明快，多应用于安排部署一般性工作的会议上。（　　）

4. 会议结束后，秘书要对会务工作进行及时、认真的总结，一方面总结经验、肯定成绩、表彰先进，另一方面找出不足、分析原因。（　　）

5. 大、中型会议或议题较多的会议一般要采取分类标项法撰写会议纪要，即把会议的主要内容分成几个大的问题，再分项来写。（　　）

6. 会议纪要的导言要详细具体，方便阅读者对会议有深刻的认知。（　　）

四、简答题

1. 会议结束后的工作有哪些?

2. 会议文件、材料收集的重点是什么? 不同类型的会议应如何收集与归档会议文件?

3. 简述会议总结的内容与方法。

五、综合分析题

会议纪要对于记录会议主要情况、传达会议议定事项、推动工作落实具有重要意义。请对下列问题进行说明：

（1）简述会议纪要的格式。

（2）会议记录与会议纪要有什么区别?

第五章 秘书“办事”工作

第一节 商务旅行

一、填空题

1. 一份商务旅行计划主要包括五项内容：____________、____________、地点、交通工具和备注。

2. 商务旅行也称为____________，是指商务人士以____________为主要目的，离开自己的常驻地到外地或外国进行的商务活动及其他活动。

3. 选择飞机交通工具的优点是____________，提供餐饮，缺点是____________，有时不能直接到达目的地，对行李的重量限制比较严格。

4. 在每次出差动身之前，秘书都要为领导做大量的准备工作，如安排日程、预订机（车、船）票和住宿、预支差旅费、准备必需的____________和领导在各种不同场合的____________等。

二、选择题

1. 要使领导的商务旅行有条不紊、顺利地进行，（ ）的制订尤为重要。

A. 旅程表　　B. 工作日记

C. 日程表　　D. 工作计划

2. 下列关于秘书陪同领导进行国（境）外旅行的做法中，不妥当的是（ ）。

A. 根据要求逐项办理护照或有关出境手续

B. 在国外旅行，应争取把房间订妥，如不需要了则不必退订

C. 对在旅行过程中给予帮助和照顾的有关部门和人员，去函电表示感谢

D. 随时与公司保持联系，让公司了解情况

3. 差旅费一般包括往返及当地的交通费、住宿费和（ ）等。

A. 娱乐费　　B. 寄存费

C. 服务费　　D. 餐饮费

4. 商务旅行的主要目的不包括（ ）。

A. 洽谈业务，签订合同　　B. 参观访问，实地考察

C. 出席会议　　D. 观光旅游

三、判断题

1. 秘书在订票前，首先要了解单位的出差政策，清楚不同级别员工预订车票、船票、机票的规定。（ ）

2. 领导进行商务旅行时，秘书要服从代理领导的安排指示。（ ）

3. 为了避免重要物品遗漏，秘书应该把应带的物品分类列表打印出来给领导一份，自己无须备份。（ ）

4. 在领导出差期间，秘书可以先搁置自己收到的文件和资料，等领导回来再做筛选和整理。（ ）

5. 为了提高领导商务旅行的舒适度，秘书应该在领导出发前就帮其预订当地最好的宾馆。（ ）

四、简答题

1. 影响商务旅行交通工具选择的主要因素有哪些?

2. 简述预支差旅费和报销的程序。

五、综合分析题

1. 商务旅行途中的环境不同于单位，有许多不可预见的因素会影响秘书的工作，做好商务旅行前的准备工作显得尤为重要。请对下列问题进行说明：

（1）如何制订一份切实可行的商务旅行计划?

（2）预订机票的注意事项有哪些?

（3）给领导预订住宿房间的注意事项有哪些?

2. 领导要去云南参加一个会议，秘书小熊制订了这样一份商务旅行计划：

日期	具体时间	交通工具	地点	事项	备注
20×× 年 × 月 × 日	8：00–8：30	出租车	广州	从家出发去往机场	昆明地接电话：0852—87543567
	9：30–11：00	民航客机	飞机上	从广州飞往昆明	
	11：20–11：40	昆明分公司接机车辆	与分公司人员在车上	去往分公司视察	
	12：00–15：00	午餐和午休	地接公司安排的昆明饭店	准备下午会议	
	15：30–17：00		昆明饭店会议厅	召开分公司和地接公司有关人员会议	
	17：00–18：30		昆明饭店宴会厅	举行宴会，招待客户	
	18：30–20：30	出租车	去往机场	准备返回广州	
	21：00–22：30	民航客机	飞机上	飞回广州	

请你指出这份计划表的不足之处并提出修改建议。

第二节　商务宴请

一、填空题

1. 宴会类型按一般出席规格可分为国宴、________、________、家宴和工作餐。

2. 确定正式宴会的具体时间要遵从________。大部分地区举办正式宴会都安排在________；因工作交往而安排工作餐，大都选在________进行。

3. 赴宴时应适度进行个人修饰，总的要求是整洁、________、美观。一般而言，赴宴时应穿着________，男士应剃须，女士应化淡妆。

4. 家宴即在家中设便宴招待客人。家宴常用________方式，突出了亲切、友好的气氛。

5. 商务宴请是指为了接触、________、交换信息或________，借用用餐的形式所进行的一种经常性的商务活动。

二、选择题

1. 秘书在安排接待一个外省公司的考察团时，应明确的首要工作是（　　）。

A. 确定接待规格　　B. 拟订日程安排

C. 制订接待计划　　D. 确定接待人员

2. 秘书在制订接待计划时，首先要考虑（　　）。

A. 来宾的人数和身份　　B. 来宾的意图和目的

C. 活动的日程安排　　D. 接待的经费

3. 在正式宴请时，首先要考虑的是（　　）。

A. 时间　　B. 菜肴

C. 餐费　　D. 座次

4. 一般宜选择在（　　）安排宴请活动。

A. 酷暑或寒冬季节　　B. 重大节日

C. 假日　　D. 对方的禁忌日

5. 所有回函，无论接受函还是拒绝函，均须在接到书面邀约之后（　　）之内回复，而且回得越早越好。

A. 一天　　B. 三天

C. 五天　　D. 一周

6. 秘书在开放参观活动中的主要职责是（　　）。

A. 做好准备与组织工作　　B. 做好准备与接待工作

C. 做好组织与接待工作　　　　D. 做好组织与反馈工作

三、判断题

1. 秘书应具备良好的待客心理，在客人面前，要表现得谦卑。（　　）
2. 餐巾可用于擦嘴唇和嘴角，也可用来擦刀叉或碗碟，但不可用来擦手指。（　　）
3. 安排宴会的座位时，应把主宾安排在最尊贵的位置，即主人的左手位置。（　　）
4. 为了表示友好，秘书应主动伸手去和客人握手。（　　）
5. 秘书将客人带至会客地点后，应该将客人引至上座。（　　）
6. 客人到达前，秘书就应该将拟订好的接待日程安排表交领导确认，等客人到达后马上交给客人。（　　）
7. 为了体现团队精神，在安排宴会座位时，应尽可能将主方人员排在一起。（　　）

四、简答题

1. 简述餐前礼仪和餐桌礼仪。

2. 宴会的准备工作有哪些?

五、综合分析题

1. 商务宴请是商务交往中与宾客沟通的重要方式之一，随着市场竞争不断加剧，商务宴请已经成为企业与客户沟通的重要渠道。请对下列问题进行说明：

（1）如何制作并发放宴会请柬?

（2）安排宴请菜谱的原则是什么?

（3）如何安排宴请桌次和座次?

2. 小郑刚参加工作不久，公司举办了一次贵宾答谢宴请会，小郑被安排在接待工作岗位上。接待当天，小郑早早来到机场，客人到达后他问道："您好！您是来参加晚宴的吗？请告诉我您的单位及姓名，以便我们安排住宿。"小郑有条不紊地做好记录后接客人前往会场。到达会场后，小郑为客人引路，他特意放慢步伐，很注意与客人的距离不能太远。上下电梯时，小郑也是走在前面，做好带路工作。小郑认为自己做得很好，却几次被领导批评。

请你指出小郑在迎接客人方面有哪些不足?

第三节　开业庆典组织与服务

一、填空题

1. 开业庆典最重要的事项是向社会各界公众展示______________，提高企业知名度和美誉度，此时＿＿＿＿＿＿至关重要。

2. 有效的大众传播包括网络、＿＿＿＿＿＿、电台、＿＿＿＿＿＿等进行集中的广告宣传，内容一般包括单位的介绍，庆典活动的＿＿＿＿＿＿、规模和方式等。

3. 开业庆典的关键仪式人员包括主持人、＿＿＿＿＿＿、致辞人、＿＿＿＿＿＿、揭牌人员和挂牌人员等。

4. 根据开业庆典的规格和规模做出可行的经费预算，一般包括＿＿＿＿＿＿、印刷费、会场布置费、茶点费、礼品费、文具费、邮费、电话费、＿＿＿＿＿＿等。

二、选择题

1. 出席开业庆典的人员一旦确定，应提前（　　）发出请柬。

A. 一周　　B. 两周

C. 3 天　　D. 15 天

2. 一般而言，开业庆典的活动现场（　　）。

A. 可以是有名的广场或饭店　　B. 可以是企业正门外的广场

C. 应该设置主席台　　D. 应该多放些桌椅

3. 关于开业庆典，下列说法中不正确的是（　　）。

A. 参加人士包括上级领导、社会名媛、新闻界人士及同行业代表

B. 给有名望的人士或主要领导的请柬应该专人送达

C. 按照惯例，一般不布置主席台或桌椅

D. 向来宾赠送的礼品应具有宣传性、独立性和名贵性特征

4. 在开业庆典仪式现场，接待贵宾应由本单位（　　）亲自负责。

A. 礼仪人员　　B. 主要负责人

C. 办公室主任　　D. 秘书

三、判断题

1. 在举行开业庆典的现场，一定要有专人来负责来宾的接待工作。（　　）

2. 在开业庆典中，通常由本单位负责人和一位上级领导或嘉宾代表来进行揭幕。（　　）

3. 在开业庆典中，通常由上级领导来致答谢词。（　　）

4. 接到对方名片后，应该用双手接过名片，并郑重地放在口袋里。（　　）

四、简答题

1. 简述开业庆典的程序。

2. 简述剪彩的程序。

3. 简述开业庆典活动结束后的公关活动。

五、综合分析题

1. 开业庆典对于一个单位来说有着重要意义，保证庆典仪式的成功也就尤为重要。请对下列问题进行说明：

（1）开业庆典的筹备工作有哪些?

（2）如何拟订邀请来宾名单?

2. 20×× 年 8 月 8 日是公司开发的“风味螃蟹”连锁机构第一分店开业的大喜日子。开业庆典活动是“风味螃蟹”闪亮入市的首要环节，庆典活动成功与否，意义重大。请你作为负责人草拟一份开业庆典议程。

第四节 新闻发布会组织与服务

一、填空题

1. 新闻发布会的最佳时间通常在周二至周四的上午______________和下午______________。

2. 一般来讲，确定邀请记者的范围时要综合考虑下列因素：新闻发布会的______________、新闻发布会的内容传播范围、新闻发布会涉及的行业、某媒体（记者）的______________、是否需要借发布会之机改善和提升本单位与某媒体（记者）的关系。

3. 秘书应根据所举行新闻发布会的规格和规模做出可行的______________，一般包括场地费、印刷费、______________、茶点费、礼品费、文具费、邮费、电话费和交通费等。

4. 新闻发布会所需设备一般包括______________和音响设备，一些需要做计算机展示的内容还需配备______________、笔记本电脑、上网连接设备和投影幕布等设备。在发布会前，秘书要对这些设备进行______________，保证不出故障。

5. 公关新闻稿用于对公关事件的媒体发布，既有对事件的总体描述，也要表达______________。

二、选择题

1. (　　) 是新闻发布会邀请的主宾。

A. 新闻记者　　B. 广告公司

C. 客户　　D. 同行

2. 通常一场新闻发布会所用时间应当限制在（　　）以内。

A. 两个小时　　B. 一个小时

C. 三个小时　　D. 四个小时

3. 新闻发布会的主题大致有说明性主题和（　　）两类。

A. 告知性主题　　B. 通知性主题

C. 解释性主题　　D. 沟通性主题

4. 新闻发布会的发言人通常由本单位的（　　）担任。

A. 新闻发言人　　B. 公关部负责人

C. 领导人　　D. 对外联络人

5. 如企业产品质量出现了问题，此时召开的新闻发布会主题属于（　　）。

A. 说明性主题　　B. 解释性主题

C. 道歉性主题　　D. 赔偿性主题

三、判断题

1. 新闻发布会的发言人是会议的主角，通常由本单位办公室负责人担任。（　）

2. 新闻发布会的主持人大都由主办单位的办公室主任或秘书长、公关部部长担任。（　）

3. 举办新闻发布会是企业处理好与新闻媒介之间关系的一种重要手段。（　）

4. 新闻发布会应布置主题背景板，内容包含新闻发布会名称和日期，有的会写上召开城市，所用颜色、字体要新颖夸张，强化公众对企业的认知。（　）

5. 在记者问答环节，对于涉密或不宜公开回答的问题，宜采取“无可奉告”的方式；对于需用较多时间进行回答的问题，可简单答出要点，邀请记者会后探讨。（　）

四、简答题

1. 适合召开新闻发布会的时机包括哪些?

2. 如何准备提供给媒体的宣传资料?

3. 新闻发布会的会后工作有哪些?

五、综合分析题

1. 成功的新闻发布会有助于信息的成功传递，并借此树立自己的形象，提高企业知名度、美誉度。请对下列问题进行说明：

（1）如何确定被邀请记者的范围？有什么邀请技巧?

（2）如何布置新闻发布会会场？

2. 具有多年电话机研发生产销售经验的通捷公司刚刚获得多项重要专利，将正式组建手机销售渠道和销售网络，正式进入行业空间巨大但竞争白热化的通信行业。通捷公司的发展引起政府、经销商、媒体、消费者、业内人士及内部员工的高度关注。为此，通捷公司计划召开一场新闻发布会，邀请各大经销商和新闻媒体共同见证公司重大历史时刻。

本次新闻发布会的主题应该如何定位？公司通过新闻发布会传播的核心信息应包括哪些？

全国中等职业学校商务文秘专业教材

现代管理基础知识（第三版）

公共关系实务（第三版）

统计与会计基础知识（第三版）

口语交际训练（第三版）

文秘实务与案例（第三版）

文书与档案管理基础知识（第三版）

文秘应用文写作（第三版）

会议组织与服务（第二版）

办公自动化实务（第二版）

秘书礼仪（第二版）

现代管理基础知识（第三版）习题册

公共关系实务（第三版）习题册

统计与会计基础知识（第三版）习题册

口语交际训练（第三版）习题册

文秘实务与案例（第三版）习题册

文书与档案管理基础知识（第三版）习题册

文秘应用文写作（第三版）习题册

责任编辑◎邓　硕

责任校对◎高书美

封面设计◎李　娜

责任设计◎郭　艳

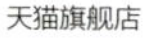

天猫旗舰店

中国人力资源和社会保障出版集团

ISBN 978-7-5167-4608-0

9 787516 746080 >

定价：7.00元

全国技工院校机械类专业通用（高级技能层级）

机床电气控制习题册

（第三版）

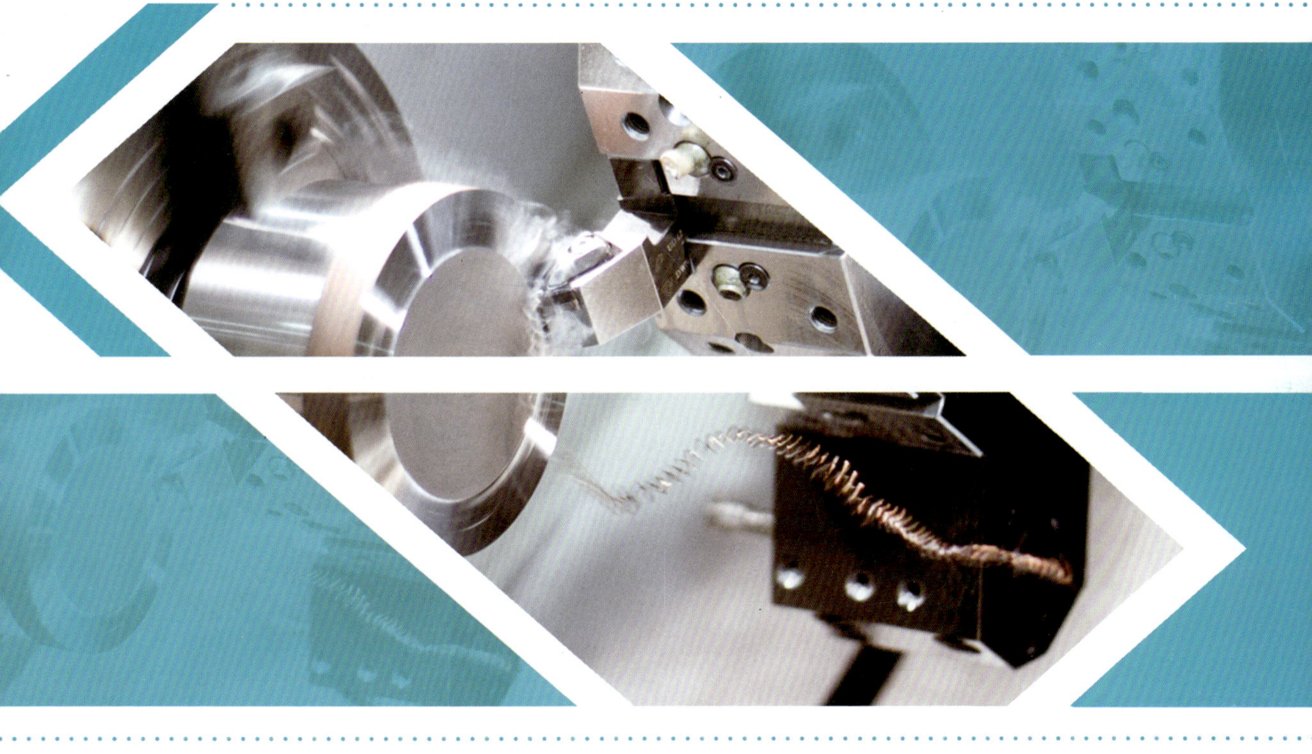

中国劳动社会保障出版社